Karl Pilsl

Lebe deine Träume, Visionen und Ziele

Lebe deine Träume, Visionen und Ziele

1. Auflage, Juni 2014

Erschienen im Verlag:
Verlag Gute Nachricht GmbH
Freyunger Str. 53 a – D-94146 Hinterschmiding
Tel. +49 (0) 8551 913350 – Fax +49 (0) 8551 913479
E-Mail: office@verlag-gute-nachricht.de
www.wirtschaftsrevolution.de

ISBN 978-3-935760-39-3

LEBE deine **TRÄUME, VISIONEN** und **ZIELE**

31 Gedankenimpulse,
die dein Leben verändern

von

Karl Pilsl

Ein Geschenk

für ....

von ....

Vorwort des Autors

Liebe Leserin, lieber Leser,

wir stehen am Beginn einer neuen Zeit. Viele Dinge werden künftig nicht mehr so sein, wie wir es aus der Vergangenheit gewohnt sind.

Wir stehen nicht nur mitten in einer Systemkrise oder mitten in einer weltweiten Wirtschaftsrevolution, sondern auch vor einer Arbeitsmarktrevolution.
Viele Menschen werden umdenken müssen. Viele Menschen werden sich sogar neu orientieren müssen. Persönlich, beruflich und vielleicht auch in ihrem Denken und in ihrer Freizeitgestaltung.

Ich möchte dich mit den nachfolgenden Gedanken ermutigen, dich mit essentiellen Themen zu beschäftigen, eine Gewohnheit oder ein Gedankenmuster neu zu betrachten, zu hinterfragen und offen für eine Neuausrichtung zu sein.

Auch wenn dieses Büchlein so richtig schnell durchzulesen wäre, so möchte ich hinweisen, dass du das besser in anderer Weise machst.

Betrachte es als eine Art „Anleitungs-Büchlein“. Nimm dir täglich etwas Zeit dafür, dich mit einem der Gedanken zu beschäftigen und zu prüfen, was du davon in deinem Leben umsetzen bzw. anwenden kannst.

Genau aus dem Grund habe ich es in 31 Abschnitte eingeteilt. Für jeden Tag einen. So bleibt jeder Gedanke für sich in einem überschaubaren Maß und du kannst dich darauf fokussieren. Und du weißt ja: besser einen Schritt nach dem anderen. (Mehrere Schritte gleichzeitig, da fehlt doch irgendwie die Bodenhaftung und bringt dich ins Stolpern.)

Jeden Tag eine kleine Investition in dein Leben und du wirst dich stetig entwickeln. Das wünsche ich dir von ganzem Herzen!

Ganz besonders freue ich mich natürlich, wenn wir uns irgendwann einmal persönlich begegnen.

Viel Freude beim Lesen!

Dein
Karl Pilsl

www.karlpilsl.com

Tag 1

Du kannst dir deine Zukunft so gestalten, wie du sie gerne haben möchtest.

- Du wirst den Ort, an dem du derzeit bist, niemals verlassen, bevor du keine **Entscheidung** darüber triffst, wo du gerne sein möchtest.
- Der Tag, an dem du eine Entscheidung über deine Zukunft triffst, ist auch der Tag, an dem sich deine Umstände verändern.
- Sobald du dich entschieden hast, deine derzeitigen unbefriedigenden Umstände **nicht mehr zu tolerieren**, beginnst du deine Zukunft zu gestalten.
- Gehe **entschlossen** auf die Ziele zu, die du dir gesetzt hast.

Tag 2

Mache dir einen schriftlichen Plan für jeden einzelnen Tag.

- Dein Tagesplan ist eine **geschriebene** Liste von jenen Dingen, die du gerne in den nächsten 24 Stunden erledigen möchtest. Wer schreibt, der bleibt.

- Wenn du die Liste **geschrieben** hast, dann entscheide über die **Prioritäten** entsprechend deren Wichtigkeit.

- Du wirst dein wahres Potenzial niemals freisetzen, bevor deine **Prioritäten** nicht **zu deiner Gewohnheit** - und täglichen Routine - werden.

- Wenn du dich auf deine **Prioritäten konzentrierst**, eliminierst du automatisch Unklarheiten und Verwirrung.

- Das **Geheimnis** jedes er*voll*greichen Menschen ist sein schriftlicher Tagesplan.

Tag 3

Schreibe dir deine Ziele auf.

- Nimm dir die Zeit, genau **aufzuschreiben**, was du mit deinem - und aus deinem - Leben machen möchtest.
- Wenn du schreibst, machst du dir **verstärkt bewusst**, worum es in deinem Leben wirklich geht.
- Die 20 Minuten, die du in deinen Tagesplan investierst, werden sich im Laufe des Monats **hundertfältig** zurückmultiplizieren.
- Seine Träume, Visionen und Ziele zu **visualisieren**, setzt viel kreative Power frei.
- Menschen, die planen, können ihre **Zukunft vorhersagen**.
- Ziele setzen heißt: Die **Zukunft in die Gegenwart bringen**, um heute etwas dafür tun zu können.
- Mache keine Pläne, die deinem **Geldbeutel** entsprechen. Mache Pläne, die deiner **Vision** entsprechen.

Tag 4

Nimm dir nicht zu viel vor für den heutigen Tag.

- Der **weise Mensch** weigert sich, zu viele Ziele auf einmal zu haben.

- Schreib dir für heute nur jene Dinge auf, von denen du weißt, dass du sie **heute** auch schaffen kannst.

- Wenn du dir zu viel vornimmst oder vorgenommen hast, dann wird sich deine **Aufmerksamkeit** immer auf jene Dinge konzentrieren, die du nicht geschafft hast bzw. erledigen konntest - anstatt auf jene Dinge, die du er*voll*greich erledigt hast.

- Davon hängt ab, **ob du motiviert bleibst** oder dich täglich aufs Neue selbst demotivierst.

- Passe auf, dass du deine Zeit nur in jene Dinge investierst, die es auch Wert sind, dass du dein **wertvollstes Investment-Kapital „Zeit“** dafür auch verfügbar machst.

Tag 5

Setze dir vernünftige Deadlines.

- Gib dir selbst immer genügend Zeit, um deine Träume, Visionen und Ziele zu erreichen. Setze dich nicht selbst unter Stress.

- Gute Dinge im Leben brauchen Zeit und Energieeinsatz.

- Sei dir gegenüber auch ehrlich, was deine wahren Talente, deine verfügbare Zeit und deine verfügbaren Mittel betrifft.

- Konzentriere dich nur auf jene Aufgaben, die es auch wert sind, dass du dich darauf konzentrierst. Lass dir deine Zeit nicht von unwichtigen Dingen oder unnützen Gedanken stehlen.

- Lieber Deadlines erreichen und dann glücklich und motiviert zu bleiben, als sich zu kurze, unvernünftige Deadlines zu setzen, die du nicht erreichst, und du dann frustriert und täglich aufs Neue entmutigt bist.

- Was vernünftig ist, kannst nur du selbst für dein Leben bestimmen. Verwechsle aber „vernünftig sein“ nicht mit Faulheit und Bequemlichkeit.

Tag 6

Respektiere deine Träume, Visionen und Ziele.

- Hast du für deine Träume, Visionen und Ziele auch wirklich genügend **Respekt**, um sie täglich ernst zu nehmen?

- **Was du respektierst**, ist auch das, was du anziehst. Was du nicht respektierst, wird deine Nähe nicht suchen.

- **Begeisterung** ist sehr wichtig, um den Energielevel immer ganz oben zu halten. Begeisterung heißt ja: Voll des Geistes zu sein.

- Geist ist Ursprung aller Materie. **Der Geist ist es, der lebendig macht**, das Fleisch (Hardware) alleine nützt nichts.

- Diese Energie, diese Begeisterung ist die **Grundvoraussetzung** dafür, dass du deine Träume, Visionen und Ziele auch realisieren wirst.

- **Sage nie**: Das kann ich mir nicht leisten. Frage lieber: Was muss ich tun, damit ich mir das leisten kann?

Tag 7

Fokus - Fokus - Fokus

- Fokus heißt: sich auf etwas **total konzentrieren**.

- Fokus - Konzentration, ist die Grundvoraussetzung, wenn jemand **etwas Besonderes im Leben realisieren** möchte.

- Konzentriere dich immer nur auf eine Aufgabe zur gleichen Zeit. Ansonsten bist du verwirrt, wirkungslos und sehr gefährdet, **falsche Entscheidungen** zu treffen.

- Gib dich jeder Stunde des Tages **ganz bewusst** hin.

- Die **größte Waffe**, die deine Feinde gegen dich haben könnten: dich zu verzetteln. Wenn du es zulässt.

- **Konzentration bringt Power**. Verzettelung kostet Power.

- **Konzentration schafft** auch den notwendigen **Schwung, den man braucht**, um Großes zu bewegen.

Tag 8

Sprich begeistert über deine Träume, Visionen und Ziele.

- Enthusiasmus ist die **Brutstätte für Begeisterung**. Enthusiasmus heißt: Voll zu sein mit dem Geist Gottes.
- Deine Begeisterung wird **andere Menschen anziehen**, nicht nur anstecken.
- **Gedanken und Sprechen verstärken alles**. Das Positive und das Negative. Daher sprich immer mit Begeisterung über deine Träume, Visionen und Ziele.
- Enthusiasmus und Begeisterung schaffen jene **Atmosphäre**, die das Samenkorn Gottes in deinem Leben **zum Wachsen** bringen.
- Menschenspezialisten sind **Atmosphäre-Spezialisten**.
- Wenn du möchtest, dass dir andere Menschen dabei helfen, deine Träume, Visionen und Ziele zu erreichen, dann musst du eine **Aura der Begeisterung versprühen**.

Tag 9

Dein Feind heißt vielleicht Müdigkeit.

- Müdigkeit ist möglicherweise dein größter **Feind für** deinen **Fortschritt und** deine **Freude**.

- **Müdigkeit produziert man sich selbst** - durch zu viel Arbeiten und zu wenig Träumen.

- Wenn Müdigkeit den Raum betritt, **verlässt Glaube den Raum**.

- Du kannst **in einer Stunde mehr erreichen**, wenn du ausgeruht bist, als in acht Stunden, wenn dein Körper schwach und ausgebrannt ist.

- Nimm dir Zeit für deine körperliche Gesundheit. **Gesundheit** ist nämlich sehr oft **der Preis, den Menschen bezahlen**, wenn sie zu viel auf einmal oder etwas zu schnell erreichen möchten.

- Körperliche Fitness hängt auch ab von der **richtigen Ernährung** (Vitalstoffe) und vor allem auch davon, **viel gesundes, reines Wasser zu trinken**.

Tag 10

Kleide dich deinen Träumen, Visionen und Zielen entsprechend.

- Die Art, wie du dich kleidest, **kommuniziert** anderen Menschen **deine innere Einstellung** zum Leben und zu den Zielen, die du verfolgst.

- Die Menschen sehen zuerst, wer du bist, bevor sie hören, wer du bist. **Du bist eine** lebendige, wandelnde **Botschaft** für andere Menschen.

- An deiner Kleidung sieht man, wo du stehst und wohin du willst.

- Menschen, die immer Freizeit- oder Urlaubskleidung tragen, **können nicht verheimlichen**, dass sie freizeitorientiert sind.

- **Wichtiger als deine Kleidung ist**: Womit füllst du dich in deinem Innersten? Wem hörst du zu? Womit beschäftigst du dich in deinen Gedanken?

Tag 11

Suche dir einen bewährten Mentor.

- Mentoren sind sehr wichtig auf dem Weg zum Er*voll*g. Menschen brauchen **Vorbilder**, die den Weg schon gegangen sind.

- Jene Menschen, Mentoren, die du bewunderst, sind auch jene Menschen, die einen **großen Einfluss auf deine Zukunft** - sogar deine Ewigkeit - haben.

- Wähle dir immer Mentoren aus, die dich auch in deinem **Glauben an Gott bereichern**, ermutigen, bestärken. Halte dich von Zweiflern ferne oder gar von Spöttern. Sie bringen nichts Gutes in deinem Leben hervor.

- Lerne von den Wunden, den Fehlern und Erfahrungen deiner Mentoren genauso wie von ihren Botschaften.

- Menschen, die den Weg, den du gehen möchtest, schon gegangen sind, haben auch viele Fehler gemacht auf diesem Weg. Diese haben Wunden geschlagen - und **auch von diesen Blessuren können wir viel lernen**.

Tag 12

Schätze deine Mentoren.

- **Deine Mentoren** sind jene Menschen, die dich ständig lehren, was du gerne wissen möchtest bzw. was dich wirklich interessiert.

- **Es ist deine Entscheidung**, wen du zu deinen Mentoren machst. Manche entscheiden sich fürs Fernsehen, Schauspieler, Sportler ... und wundern sich, dass sie im Leben nicht weiterkommen. Nur weil jemand ein guter Sportler ist, heißt das noch lange nicht, dass er auch ein guter Mentor (Vorbild) ist.

- **Mentorship ist**: von einem nicht perfekten Menschen die für dich - zu einem bestimmten Zeitpunkt - perfekte Information, Wissen etc. anzunehmen.

- Suche die Nähe jener Menschen, **die Gott für eine bestimmte Zeit** in deinem Leben für dich als Mentoren ausgesucht hat. Denn diese Menschen haben das Wissen und die Erfahrung, die du gerade jetzt für deine Berufung brauchst.

- Du wirst niemals weiter vorwärtskommen **als deine** von Gott geschenkte und von dir angenommene **Weisheit dich führen kann**.

Tag 13

Bitte andere Menschen ein Teil deiner Träume, Visionen und Ziele zu sein.

- Gott hat nie vorgesehen, dass du als Einzelgänger er*voll*greich bist. **Gott denkt in Teams**, in Familie, in Gemeinschaft ...

- Was dir heute fehlt, ist immer bei anderen Menschen verfügbar. Es gibt nichts Neues unter der Sonne, **aber gewisse Menschen haben Fähigkeiten, die du** für deine Berufung heute dringend **brauchst**.

- Bitte Gott immer wieder, dass er dich **mit** jenen **Menschen zusammenführt**, die heute für deine Zukunft einen wesentlichen Baustein einbringen können.

- Jeder hat im Leben seinen Platz. Wie bei einem großen Puzzle. **Nur wenn du richtig liegst**, wirst du herausfinden, welche anderen Teile zu dir passen und zu einem schönen, großen Bild beitragen.

- Sei kein Einzelkämpfer. Einzelkämpfer sind einsam und wenig attraktiv. **Das Leben ist kein Kampfsport** - jeder gegen jeden. Das Leben ist eine große Gemeinschaft gleichgesinnter Menschen, mit einem großen, gemeinsamen Ziel - zum Nutzen anderer Menschen.

Tag 14

Erkenne deine gottgegebene Berufung.

- Gott hat für jeden Menschen seine individuelle Berufung. Und er nennt diese **Berufung: der Traum deines Lebens**.
- Jeder Traum ist entweder **mit dir geboren oder von dir geborgt**. Geborgte Träume sind nicht deine eigene Berufung.
- Gottgegebene Träume werden **von Gott in dein Herz gelegt**. Deine gottgegebene Berufung kann aber auch sein, jemand anderem zu helfen, seine gottgegebene Berufung zu realisieren.
- Was immer deinem Herzen Freude bereitet, **dein Herz zum Hüpfen bringt**, ist wahrscheinlich ein Zeichen dafür, dass Gott möchte, dass du genau das machst.
- Dein größtes Talent ist wahrscheinlich **das Zentrum deiner einzigartigen Fähigkeit**. Dort liegt auch dein künftiger Er*voll*g.

Tag 15

Schütze dein gottgegebenes Samenkorn.

- **Gott hängt Fotos in dein Herz** von etwas, was du werden kannst, tun kannst, haben kannst. Geh darauf zu.

- Ein **Traum ist das Samenkorn**, das Gott dir mitgegeben hat auf diese Erde. Es ist der Beginn deines einzigartigen Lebens mit einer einzigartigen Frucht für viele Menschen.

- Dein Traum ist das Samenkorn. Die Vision ist das, was du vor deinem geistigen Auge siehst aufgrund deines Samenkorns. Ziele setzt man sich, wenn man sich in Bewegung setzt in Richtung dieser Vision. Und Wünsche kann man sich erfüllen, wenn man die Ziele - Teilziele, Etappenziele - erreicht.

- **Verwechsle nie einen Traum mit einem Wunsch**. Das sind zwei verschiedene Dinge.

- Man fängt nicht damit an, sich Wünsche zu erfüllen. Wenn du das tust, ist die Wahrscheinlichkeit sehr groß, dass du deinen Traum - dein Samenkorn - zerstörst.

- Träume deinen Traum, dann siehst du etwas, was andere nicht sehen (Vision), dann mach dich auf den Weg und setze dir Ziele, und wenn du diese Ziele erreichst, **dann kannst du dir mit großer Freude auch deine Wünsche erfüllen**.

Tag 16

Mache Gott zu deinem Partner.

- Ein Traum, der von Gott ist, wird immer die Mitarbeit Gottes erfordern - um diesen zu realisieren. Mach es nie ohne ihn.

- Eine stille Stunde mit Gott kann dir die Schlingen zeigen, die dein Feind dir eingebaut hat in deinen so sorgfältig durchdachten Plan, um dich zu Fall zu bringen. Verzichte nie auf Gottes Beratung.

- Wenn du zulässt, dass Gott auch deinen Tagesplan mitbestimmt, dann bist du auf dem sicheren Weg zu deiner er*voll*greichen Berufung.

- Wenn du deine Träume alleine und ohne Gott realisieren möchtest, dann ist dein Hirn - und deine fünf Sinne - vielleicht deine höchste Instanz. Dann hat es deine Konkurrenz sehr einfach, dich zu Fall zu bringen.

Tag 17

Verfolge nicht deine Träume, Visionen und Ziele von gestern.

- Was immer dich in deiner Jugendzeit begeistert hat, mag in den fortgeschrittenen Jahren dich langweilen - **laufe nicht Dingen nach, die sich überholt haben**.

- Sei bereit, alte Träume, Visionen und Ziele loszulassen, wenn sie dich nicht mehr länger wirklich stimulieren und begeistern.

- **Sei kein Gefangener** deiner früheren Träume, Visionen und Ziele. Vielleicht waren sie ja nur vorübergehende Ausbildungsmodule für etwas viel Größeres in deiner Zukunft.

- Du bist auch kein Verlierer, nur weil du etwas nicht vollendest, was du mal begonnen hast, dich aber nicht mehr länger fasziniert und begeistert.

- Nur wenn du das Alte loslassen kannst, kannst du zu neuen Ufern aufbrechen. **Alles hat seine Zeit** unter dem Himmel, **für alles gibt es eine Saison**.

- Gehöre aber nicht zu jenen Menschen, die jeden Monat/jedes Jahr neue Dinge beginnen, aber nichts vollenden. **Strohfeuer bringen nichts**.

Tag 18

Kämpfe für deinen Traum, für deine Berufung.

- Lass nicht zu, dass andere Menschen dich ablenken von deiner gottgegebenen Berufung.

- Höre jenen Menschen nicht zu, die alle möglichen Argumente bringen, warum dein Traum, deine Berufung nichts ist für dich. Sie haben dich nicht berufen, daher können sie auch deinen Traum, deine Vision, deine Berufung nicht verstehen.

- Fühle dich auch nicht all den Verwandten, Bekannten, Freunden und Beziehungen verpflichtet, wenn sie dich ständig demotivieren. Suche dir neue Freunde.

- Wenn jemand für dich einen anderen Traum hätte, als du in deinem Herzen hast, dann frage diesen Menschen: Wärst du auch bereit diesen deinen Traum für mich zu finanzieren?

- Vermeide auch, deinen Tagesplan zu überladen, um dich mit Dingen zu beschäftigen, nur um die Erwartungen anderer zu erfüllen.

- Konzentriere dich immer wieder auf das, was in deinem Herzen brennt, dein Herz zum Hüpfen bringt - dann haben die Traumdiebe keine Chance in deinem Leben.

Tag 19

Wertschätze jene Menschen, die deine Träume, Visionen und Ziele schätzen.

- **Versuche jene Menschen** in deinem Leben zu finden bzw. zu erkennen, **die dich** für deine gottgegebene Berufung **inspirieren und begeistern**.

- Umgib dich mit **Energielieferanten** und nicht mit Energieräubern.

- Halte immer Ausschau nach hilfreichen Einsichten, Erkenntnissen und Informationen und **widerstehe** der Versuchung, emotional zu werden und **deinen Traum gegenüber anderen zu verteidigen**.

- **Finde** immer **Wege**, jene Menschen **zu belohnen**, die dir geholfen haben, dass deine Träume, Visionen und Ziele Realität wurden.

- Gehe immer dorthin, wo du geschätzt wirst, und vermeide jene Orte, wo du **nur toleriert** wirst.

- Wo du geschätzt wirst, gib Wertschätzung zurück. **Denn Wertschätzung führt zu Wertschöpfung**.

Tag 20

Gib niemals auf!

- **Weigere dich aufzugeben**. Aufgegeben wird nur ein Brief bei der Post und auch hier bleibt die Briefmarke dran, bis der Brief angekommen ist.
- Das Geheimnis der wahren Champions ist: Sie hörten niemals auf, **es nochmals zu versuchen**.
- **Unmöglichkeit ist** in erster Linie **ein Gefühl**: Überwinde dieses Gefühl und geh konsequent vorwärts in Richtung deiner Ziele.
- Schaffe immer wieder kleine Erfolge, wenn die großen Erfolge für unmöglich gehalten werden. **Viele kleine Schritte bringen dich auch vorwärts**.
- Sogar **Wolkenkratzer** werden so gebaut: Ziegel auf Ziegel, Stein auf Stein ...
- **Vergiss nicht**: Aufgeben kannst du immer noch. Wenn du etwas auf morgen verschieben möchtest, dann das Aufgeben.

Tag 21

Investiere dich jeden Tag in andere Menschen.

- Vergiss nicht: **Du bist ein Samenkorn** und die Herzen anderer Menschen sind dein Ackerboden.

- Du bist das **Investment-Kapital** für andere Menschen. Investiere dich selbst. Das ist wichtiger als Geld.

- Ein Samenkorn ist alles, was du für den Erfolg anderer Menschen tun kannst - **pflanze es in ihr Herz**.

- Wenn du anderen Menschen **Respekt** zeigst, ist das für andere Menschen ein wichtiges Samenkorn für deren Zukunft. Säe es.

- Dein Wissen, deine Erfahrungen, deine Information, die du anderen weitergibst, ist ein Samenkorn. **Säe es**.

- Was du für andere Menschen möglich machst, wird Gott auch für dich - **als Ernte** - möglich machen.

- Gott lässt seiner nicht spotten: Was der Mensch sät, das wird er ernten.

- Wer reichlich sät, wird reichlich ernten, wer wenig sät, wird wenig ernten. Wer gar nichts sät, wird gar nichts ernten. **Mit dem Maß, mit dem du misst, wirst du gemessen werden**.

Tag 22

Sei auch bereit,
manchmal ganz alleine zu träumen.

- Du musst auch bereit sein in deine Träume, Visionen und Ziele zu glauben, auch wenn die Menschen um dich herum zu beschäftigt oder zu gleichgültig sind, um dich zu ermutigen.

- Jeder große Erfinder und Pionier wurde belächelt, kritisiert und verleumdet, **bevor er den großen Durchbruch hatte**.

- **Du weißt ja**: Ein Visionär wird zuerst belächelt. Wenn das ihn nicht stoppen kann, dann wird er kritisiert. Wenn auch das ihn nicht stoppen kann, wird er verleumdet, und wenn auch das ihn nicht stoppen kann, wird er später beneidet und von vielen anerkannt und geschätzt.

- **Vergiss nicht**: Konzentriere dich immer auf den Weg, den du gehst, und das Ziel, das du verfolgst, und lass dich nicht entmutigen von all den Umständen, die dich täglich versuchen zurückzuhalten. Sie sind bald verschwunden.

- Wenn dich jemand fragt: Wie geht es dir? Sage nicht „den Umständen entsprechend", sondern sage lieber: „**Ich bin dabei, bald über den Dingen zu stehen**."

Tag 23

Überprüfe und beurteile deine derzeitigen Ziele.

- **Zögere nicht**, deine Träume, Visionen und Ziele immer wieder zu hinterfragen. Stelle sicher, dass es das wirklich ist, was du erreichen möchtest. Vielleicht sind auch manchmal Anpassungen im Weg zum Ziel notwendig.

- **Vergiss nicht**: Deine Ziele sind manchmal geboren aus deinen eigenen Nöten. Diese Nöte sind aber oft nur vorübergehend, daher könnte auch eine Zielanpassung nötig sein.

- **Feiere** jeden Schritt, **jeden gelungenen Prozess** auf dem Weg zum Ziel. Sich selbst zu belohnen ist manchmal sehr wichtig, um weiter mit Begeisterung daran zu arbeiten.

- Höre auf, Ziele zu verfolgen, die nicht mehr in der Lage sind, dich mit Energie zu versorgen.

- Wenn du in einer Sache kein Geld verdienst - und das schon über längere Zeit und **trotz großer Anstrengungen** - dann ist wahrscheinlich die Zeit gekommen, neue Wege zu gehen.

- **Vergiss nicht**: Manche Ziele waren nur für eine gewisse Zeit gedacht, um daraus etwas zu lernen, was du später für deine eigentliche Berufung brauchst.

Tag 24

Schau dir deine derzeitigen Freunde gut an.

- **Jeder Mensch** in deinem Leben **ist eine Strömung**. Sie bringt dich entweder deinen Zielen näher oder treibt dich davon ab.

- **Erwarte nicht**, dass kleinkarierte Menschen dir helfen können, groß zu denken.

- Sage mir, mit wem du umgehst, und ich sage dir, wer du bist - oder was aus dir wird.

- Der **Wert einer Freundschaft** kann am besten gemessen werden daran, ob dich diese Freundschaft von der göttlichen Berufung weiter weg oder dieser näher bringt.

- Wenn jemand nicht bereit ist, **mit dir zu wachsen**, wirst du beginnen, mit ihm zu welken.

- Daher entscheide dich, was du willst: wachsen oder welken. Es gibt keine neutrale Zone. Was aufgehört hat zu wachsen, hat bereits begonnen zu welken.

Tag 25

Gegnerschaft ist ein Beweis für deinen Fortschritt.

- Wenn du in einem Projekt nicht von deinen Gegnern attackiert wirst, ist das der beste **Beweis, dass du nicht am Ball bist**.

- Manche Leute sitzen auf der **Ersatzbank** und freuen sich darüber, dass sie nicht attackiert werden. **Sie sind auch noch stolz darauf**.

- Gegnerschaft bereitet auch immer die Geburt eines Wunders vor. **Erwarte Wunder**.

- Nichts wird so heiß gegessen, wie es gekocht wird. Nichts ist so schlecht, wie es am Beginn den Anschein hat.

- Gegnerschaft ist die **Gelegenheit zu beweisen**, ob du das wirklich glaubst, was du sagst, dass du glaubst.

- Die Attacken des Feindes sind **der beste Beweis** dafür, dass du auf dem richtigen Weg in die richtige Richtung unterwegs bist.

Tag 26

Deine Geduld führt zur Ernte.

- Es gibt eine Zeit zum Säen und es gibt eine Zeit zum Ernten.
- Ein wichtiger Bestandteil für ein er*voll*greiches Leben ist: **Sesshaft werden, nicht nomadisieren**. Bleib dran vom Zeitpunkt der Saat bis zum Zeitpunkt der Ernte.
- Zu viele steigen zu früh aus und wundern sich, warum sie die **Erntezeit** nie erleben.
- Jeder Visionär muss die **verschiedenen Saisonen** akzeptieren. Acker zubereiten, Samen säen, warten, düngen, hegen, pflegen, dann ist Erntezeit.
- Wartezeit ist keine verlorene Zeit.
- Champions, Leader und Pioniere werden nicht im Königspalast ausgebildet, sondern in der Wüste des Lebens. (Beispiel Mose)
- Jeder Tag, den du bereit bist, auf die Ernte zu warten, ist ein **Beweis dafür**, dass du **auf Gott vertraust**.

Tag 27

Achte auf deine tägliche Produktivität.

- Ein unproduktiver Tag ist ein unglücklicher, verlorener Tag.
- Jeder Mensch wurde dazu geschaffen, produktiv zu sein, etwas zu gestalten, zu realisieren, zu schaffen und **sich zu multiplizieren**.
- Seid fruchtbar und vermehret euch ... Das hat nicht nur mit **Kinderkriegen** zu tun. Man soll auch die Frucht seines Lebens (Problemlösungen für andere) multiplizieren.
- **Was haben andere Menschen davon, dass es mich gibt?** Das ist die entscheidende Frage des Lebens. Davon hängt ab, ob andere Menschen deine Nähe suchen oder nicht.
- Was ist die Frucht deines Lebens? Daran erkennt man auch, wer du bist und wofür du berufen bist.
- Jede Stunde deines Lebens ist ein „Mitarbeiter" von dir. Gib ihm eine Aufgabe in Richtung **„Fruchtbringen"**, in Richtung Multiplikation, damit viele Menschen etwas davon haben, dass es dich - mit deiner Frucht (Problemlösung) - gibt.

Tag 28

Mache täglich einen Schritt in Richtung deiner Träume, Visionen und Ziele.

- Pioniere, Visionäre und Champions sind solche, die auch bereit sind, Schritt für Schritt **vorwärts**zugehen, auch wenn es mal nicht so einfach ist.

- Bleib immer in Bewegung. **Ein geparktes Auto kann man nicht lenken**.

- **Parke nicht** neben deiner Vergangenheit, neben deinen Fehlern, neben deinen Niederlagen, neben deinen Misserfolgen, neben deinen Enttäuschungen, aber auch nicht neben deinen Erfolgen der Vergangenheit.

- Wenn dir der nächste Schritt zu groß erscheint, dann zerlege ihn in einige kleinere Schritte und du wirst sehen, **wie einfach es ist, vorwärtszukommen**. Schritt für Schritt.

- Wenn du dann den Fortschritt erkennen kannst, auch wenn er noch so klein ist, bringt das Freude in dein Herz. **Freude ist Power**. Power für den nächsten größeren Schritt.

Tag 29

Setze dich in Bewegung - immer in Richtung deiner gottgegebenen Berufung.

- Du wirst niemals besitzen, was du nicht bereit bist zu verfolgen. Gott belohnt jene Menschen, die sich nach mehr ausstrecken.
- Wir können viel von Apostel Paulus lernen, wenn es darum geht, große Dinge zu realisieren.
  Lies mal Philipper 3, 12 - 14.
- Wenn du voller Begeisterung bleibst hinsichtlich deiner gottgegebenen Berufung, wirst du auch die richtigen Menschen zur richtigen Zeit anziehen. **Gott weiß am allerbesten**, wen er dir wann über den Weg laufen lassen soll.
- Wenn du in der Berufung Gottes bleibst und dich gut darauf vorbereitest, brauchst du dir um deine Zukunft keine Sorgen zu machen.
- **Rennpferde** haben noch nie ein Rennen gewonnen, wenn sie im Stall geblieben sind.
- Ski-Abfahrtsweltmeister (Hahnenkammsieger) wird man nicht am Hahnenkamm. **Sondern am Übungshang**.

Tag 30

Jede Stunde deines Lebens sollte eine Aufgabe haben.

- Dein Leben ist wie eine Eisenbahn auf den Geleisen des Er*voll*ges. **Jeder Kilometer macht Sinn**.

- Gott gibt dir jeden Tag 24 neue Stunden. Womit füllst du sie?

- Jede Stunde hat 60 Minuten. **Womit füllst du sie?**

- Sage nie mehr: Ich habe keine Zeit. Gott gab dir heute schon wieder 24 Stunden. **Was tust du damit?**

- Wenn du wissen möchtest, wie lange eine Minute ist: Dann setze dich doch mal mit **deinem nackten Hintern auf die heiße Ofenplatte**. Dann weißt du, wie lange eine Minute ist. Solche Minuten hast du 60 mal jede Stunde. Stell dir mal vor. Und dann rechnest du mal 24 und du wirst nie mehr sagen: Die Tage sind zu kurz.

- Zeit hat man mehr als genug. Die Frage ist nur: Was tust du damit?

- Passe gut auf die Zeitdiebe in deinem Leben auf. Es mögen Menschen sein, aber auch unnötige Gedanken, Sorgen oder auch das Fernsehprogramm …

Tag 31

Schätze göttliche Weisheit.

- Weisheit ist das, was Gott tun würde, wenn er in deinen Umständen leben würde.

- Durch **Weisheit** wird ein Haus gebaut, durch **Umsicht** gewinnt es Bestand und durch **Klugheit** werden die Kammern gefüllt mit allerlei wertvollen, köstlichen Gütern (Sprüche 24, 3 - 4).

- Es gibt menschliche Weisheit - die aus langjähriger Erfahrung kommt - und es gibt die göttliche Weisheit. Göttliche Weisheit ist, die Dinge so zu sehen, wie Gott sie sieht.

- Weisheit - göttliche Weisheit - kommt aus dem Wort Gottes.

- Wenn du göttliche Weisheit schätzt, wird dir Gott Wege zeigen, diese zu empfangen. Was du schätzt, kommt dir zu, was du nicht schätzt, wird deine Nähe nie suchen.

- Wenn es dir an Weisheit fehlt, dann darfst du sie von Gott erbitten und Gott wird sie dir gerne geben (Jakobus 1, 5 - 8).

Nachwort des Autors

Liebe Leserin, lieber Leser,

es freut mich sehr, dass du dieses Büchlein durchgearbeitet hast und ich wünsche dir, dass du viel Nutzen daraus ziehen könntest.

Wenn du profitiert hast, dann empfehle es gerne weiter. Das würde mich sehr freuen, denn mir liegt das Thema „Umdenken und neu Orientieren“ sehr am Herzen. Daher habe ich auch 2009 die UMDENK-AKADEMIE® ins Leben gerufen. (Infos im Anhang)

Es geht um Menschen auf dieser Welt und nicht um Geld. Wenn es mir gelingt das Leben - wenn auch nur ein wenig - von dem einen oder anderen Menschen zum Positiven zu verändern, bzw. ihm dabei zu helfen, so bringt das mein Herz zum Hüpfen.

Wenn du Teil sein möchtest einer Bewegung, die auch dieses Herzensanliegen hat, dann lade ich dich ein, Visionspartner zu werden.

Sprich einfach die Person an, die dir dieses Büchlein geschenkt hat, oder nimm mit unserem Verlag Kontakt auf: office@verlag-gute-nachricht.de

Über den Autor

Karl Pilsl, geboren 1948 in Österreich, verheiratet mit Monika und Vater von acht Kindern, ist seit über 45 Jahren selbstständiger Unternehmer. Er hat alle Höhen und Tiefen dieses Lebens erlebt, von großen Erfolgen in den verschiedensten Bereichen, bis hin zur größten Niederlage, die ein Unternehmer erleben kann: dem Konkurs. Seit 1977 ist er im Medien- und Informationsbereich tätig als Marktforscher, Consultant, Public Speaker und Verleger. Er ist selbst Autor von mehr als 25 Büchern zu den Themen Unternehmensstrategie, Leadership, Motivation, Wirtschaftstrends und erVOLLgreiches Leben.

Seit 1987 ist Karl Pilsl auch in den USA als Wirtschaftsjournalist tätig und beschäftigt sich insbesondere mit der Frage: Was kann der deutsche mittelständische Unternehmer vom amerikanischen mittelständischen Unternehmer lernen?

Hunderttausende seiner Bücher, Hörbücher und DVDs haben, genauso wie Tausende seiner Live-Veranstaltungen mit weit über einhundertfünfzigtausend Zuhörern bisher, zu einem aktiven, begeisterten Leben inspiriert und ermutigt.

Karl Pilsl hat selbst über ein Dutzend Unternehmen und Organisationen in Österreich, Deutschland und den USA gegründet, mit insgesamt Hunderten von Mitarbeitern.

Er ist Gründer von www.wirtschaftsrevolution.de und von Verlag Gute Nachricht GmbH, einem Medienunternehmen, das zum Umdenken anregt. Dazu hat er auch die Umdenk-Akademie® ins Leben gerufen, denn wir müssen umdenken, wenn wir im neuen Jahrtausend auf dieser Erde ein erfülltes Leben leben möchten.

Existenzgründer und klein- und mittelständische Unternehmer gehören zu seiner Kernzielgruppe. Karl Pilsl hat eine Leidenschaft Menschen zu inspirieren, nochmals so richtig durchzustarten, für viele Menschen Arbeitsplätze zu schaffen und Menschen herauszufordern, sich die wichtigste Frage des Lebens zu stellen: „Was haben andere Menschen davon, dass es mich gibt?“

Ja, wir müssen umdenken.

Viele Menschen brauchen dazu Hilfe, Unterstützung, Ermutigung, Training, Coaching, …

Karl Pilsl steht auch für Vorträge zur Verfügung, die hoch inspirativen Charakter haben und Menschen ganz stark zu unternehmerischem Denken motivieren und dazu ermutigen ihr Leben selbst in die Hand zu nehmen.

Mehr Infos zu seiner Arbeit unter:

www.umdenk-akademie.com

www.umdenk-trainer.de

Referenzen:

www.wirtschaftsrevolution.de/karlpilsl/referenzen

weitere Medien von Karl Pilsl:

www.wirtschaftsrevolution.de/shop

UMDENKEN und NEU ORIENTIEREN

ist das Kernthema der Umdenk-Akademie®.

Die Umdenk-Akademie bereitet Menschen auf eine neue Zeit vor.

Wir bilden auch Umdenk-Trainer® aus, die das neue Denken hinaustragen in die Wirtschaft, die verschiedenen Gesellschaftsbereiche wie Schulen, Organisationen, Kirchen, Vereine und vor allem auch in neue Wirtschaftssysteme, die die berufliche Zukunft vieler Menschen bestimmen werden.

Ja, wir müssen umdenken. Und es wird künftig vor allem darum gehen, ob jemand bereit ist, sein Leben selbst in die Hand zu nehmen und es wagt seine eigenen Träume, Visionen und Ziele zu realisieren.

Die UMDENK-AKADEMIE® bietet dazu die besten Voraussetzungen, um sich wirklich neu orientieren zu können.

Das neue Denken / Umdenken soll unseren Visionspartnern helfen, ihren Weg zu finden, ihre gottgegebene Berufung zu entdecken und sie er*VOLL*greicher zu machen.

Dazu bieten wir eine Ausbildung an, die das Umdenken unterstützt und Anleitung, Hilfestellung und Möglichkeiten der Zusammenarbeit anbietet.

Die Umdenk-Akademie® bildet Menschenspezialisten® aus, denn die Zukunft gehört den Menschenspezialisten®.

Wenn du dich für das Gedankengut der UMDENK-AKADEMIE® oder für eine Zusammenarbeit mit uns interessierst, dann melde dich einfach bei uns.

Verlag Gute Nachricht GmbH

Freyunger Str. 53 a – 94146 Hinterschmiding

Tel. +49 (0) 8551 9149-0

www.verlag-gute-nachricht.de

E-Mail: office@verlag-gute-nachricht.de

Du möchtest mehr erfahren?

Dann wende dich am besten an jene Person, die dir dieses Büchlein gegeben hat.

Ein aktuelles Medienverzeichnis bzw. Seminarangebote

des Autors Karl Pilsl und des Verlags Gute Nachricht
erhalten Sie bei:

Verlag Gute Nachricht GmbH
Freyunger Str. 53 a – D-94146 Hinterschmiding
Tel. +49 (0) 8551 913350 – Fax +49 (0) 8551 913479
E-Mail: office@verlag-gute-nachricht.de

oder im Internet:
www.wirtschaftsrevolution.de

Der Autor des Buches steht auch für individuelle
Vortragsveranstaltungen zur Verfügung.
Anfragen bitte an den Verlag richten.

Einige seiner „Lieblingsthemen“:
Visionäre Leadership
Management frustriert – Leadership begeistert
Die Trends der Wirtschaftsrevolution
Menschenspezialist
Naturkonforme Strategie
Träume – Visionen – Ziele
Wem gehört die Zukunft in Europa?